DON BOSCO

Norbert Stockert

Die 50 besten Spiele zur Förderung der Klassengemeinschaft

für 8- bis 12-Jährige

DON BOSCO

MiniSpielothek

**Gerne nehmen wir Ihre Anregungen,
Wünsche, Kritik oder Fragen entgegen:**
Don Bosco Medien GmbH, Sieboldstraße 11, D-81669 München
anregungen@donbosco-medien.de
Servicetelefon: +49(0)89 48008-341

Bibliografische Information der Deutschen Nationalbibliothek

Die Deutsche Nationalbibliothek verzeichnet diese Publikation in der Deutschen Nationalbibliografie; detaillierte bibliografische Daten sind im Internet über http://dnb.d-nb.de abrufbar.

4. Auflage 2025 / ISBN 978-3-7698-2465-0

Sieboldstr. 11, 81669 München
produktinformation@donbosco-medien.de
www.donbosco-medien.de

Umschlag: Don Bosco Medien GmbH, München
Umschlaggrafik: Colourbox.com
Layout: Alexandra Paulus
Satz: Don Bosco Medien GmbH, München
Druck: Don Bosco Druck & Design, Ursensollen

Gedruckt auf umweltfreundlichem Papier

Inhalt

Zusammenkommen
ist ein Beginn,
Zusammenbleiben
ist ein Fortschritt,
Zusammenarbeiten
ist ein Erfolg.

Henry Ford

Spiele zur Wahrnehmung der anderen

Begrüßungsprozession

Alle sitzen im Stuhlkreis. Die Spielleitung begrüßt namentlich und mit Handschlag ihren linken Nachbarn. Dieser erwidert den Gruß. Danach steht die Spielleitung auf und begrüßt den nächsten Spieler auf diese Weise. Der bereits begrüßte Spieler schließt sich an und begrüßt seinen direkten Nachbarn ebenfalls namentlich und mit Handschlag.
So geht es weiter und jeder, der begrüßt wurde, reiht sich in die „Begrüßungsprozession" ein. Das geht so lange, bis alle Sitzenden begrüßt wurden, bis also jeder jeden begrüßt – und wahrgenommen – hat.

Schlüsselkönig

Es wird ein Stuhlkreis gebildet, der einen Stuhl weniger enthält, als Teilnehmer mitspielen. In der Mitte des Stuhlkreises steht ein Spieler als „Schlüsselkönig" mit einem Schlüsselbund in der Hand. Er begrüßt einen Spieler namentlich mit Handschlag. Dieser Spieler erwidert den Gruß. Nun begrüßen beide jeweils einen anderen Spieler. Jeder, der begrüßt wurde, steht auf und begrüßt jeweils einen weiteren Sitzenden. Irgendwann lässt der Schlüsselkönig den Schlüsselbund fallen. Das ist das Signal für alle, sich schnell einen freien Platz zu suchen. Wer keinen Platz mehr findet, ist der neue Schlüsselkönig in der nächsten Runde.

Material

Schlüsselbund

Klasse(n)-Wahrnehmung

Die Spieler sitzen im Stuhlkreis und drehen sich mit dem Stuhl nach außen. Jeder braucht ein Blatt Papier und einen Stift. Die Spielleitung stellt nun Fragen, die sich auf die Klasse als Ganzes beziehen.

Beispiele

- „Wie viele von euch haben etwas Rotes an?"
- „Wie viele Mädchen sitzen im Kreis?"
- „Wie viele von euch tragen eine Brille?"
- „Wie viele von euch haben blonde Haare?"

Nach jeder Frage schreiben alle die Antwort auf, die ihnen richtig erscheint. Sind alle Fragen beantwortet, drehen sie sich wieder zurück. Nun werden gemeinsam die richtigen Antworten ermittelt. Jeder überprüft dabei für sich, ob er richtig lag.

Hinweis

Durch dieses Spiel nehmen die Schülerinnen und Schüler die Klasse und jeden Einzelnen bewusster wahr.

Material

Papier, Stifte

Höfliche Verbeugung

Die Spieler sitzen in einem Stuhlkreis, der einen Stuhl weniger enthält, als Spieler teilnehmen. Ein Spieler steht in der Mitte und startet die Begrüßungsrunde: Er begrüßt einen der Sitzenden namentlich und verbeugt sich vor ihm. Der Angesprochene steht auf und erwidert den Gruß auf dieselbe Weise. Beide begrüßen nun jeweils einen weiteren Spieler. So geht es weiter, bis alle begrüßt wurden und im Kreis stehen. Daraufhin lässt die Spielleitung einen Gong erklingen: Dies ist das Signal für alle, sich schnell einen freien Stuhl zu suchen. Wer keinen Stuhl findet, steht in der nächsten Runde in der Mitte.

Material

Gong

Klassenzählung

Die Spieler sitzen im Stuhlkreis. Aufgabe der Klasse ist es, gemeinsam ab „1“ in der natürlichen Reihenfolge der Zahlen möglichst weit zu zählen. Die Spielleitung beginnt mit „1“. Wer möchte sagt „2“, ein weiterer Spieler „3“ usw. Nennen aber zwei Spieler gleichzeitig die Folgezahl, geht es wieder von vorn los.
Es gelten folgende Regeln: Jeder kann mehrmals eine Zahl sagen, keiner muss eine sagen.

Variation

Jeder darf nur eine Zahl nennen. Das macht es leichter, denn je weiter man kommt, desto weniger Spieler dürfen noch etwas sagen. Auf diese Weise gelangt man aber höchstens bis zur Anzahl der Mitspieler.

Zahlentausch

Die Spielleitung weist jedem Spieler im Stuhlkreis durch Einflüstern oder einen Zettel heimlich eine Zahl zu. Die Zahlen reichen von 1 bis zur Anzahl der Mitspieler. Ein Spieler stellt sich mit verbundenen oder geschlossenen Augen in die Mitte. Er nennt zwei Zahlen. Die Spieler, deren zwei Zahlen genannt wurden, müssen durch den Kreis hindurch ihre Plätze tauschen. Der Spieler in der Mitte versucht dabei, einen der beiden zu berühren. Gelingt ihm dies, tauschen die beiden die Rollen.

Hinweis

Da der Spieler in der Mitte nichts sieht, können sich die beiden Tauschenden durch Gesten zu erkennen geben, und wissen so, mit wem sie tauschen müssen.

Variation

Der Spieler in der Mitte hat die Augen geöffnet. So wird es besonders anspruchsvoll für die Tauschenden. Sie müssen versuchen, sich unauffällig nonverbal zu verständigen und dann in einem passenden Moment die Plätze zu tauschen.

Material

evtl. Augenbinde und Zahlenzettel

Indianer schleichen sich an

Die Spieler sitzen im Kreis auf Stühlen oder auf dem Boden. Mehrere von ihnen gehen als „Indianer“ vor die Tür. Die Spieler im Kreis schließen die Augen – und spitzen die Ohren, denn die Indianer kommen wieder in den Raum und schleichen sich möglichst unauffällig an den Kreis an. Jeder stellt sich hinter einen sitzenden Spieler. Sind alle angekommen, bittet die Spielleitung die Spieler die Hand zu heben, die das Gefühl haben, dass hinter ihnen jemand steht. Dann öffnen alle die Augen und überprüfen:

Haben sie den „Indianer“ wahrgenommen, der hinter ihnen steht? Haben sie vielleicht sogar einen nicht vorhandenen „Indianer“ gespürt?

Ortung

Die Spieler gehen zu Musik im Raum umher. Stoppt die Spielleitung die Musik, bleiben alle stehen und schließen die Augen. Die Spielleitung nennt den Namen eines Spielers. Daraufhin deuten alle in die Richtung, in der sie den genannten Spieler vermuten. Danach öffnen alle die Augen und überprüfen, wo der Spieler tatsächlich steht, und ob sie in die richtige Richtung gezeigt haben.

Material

Musik

Fadenkönig

Jeder Spieler erhält dieselbe Anzahl gleich- oder verschiedenfarbiger Wollfäden. Jeder befestigt sie möglichst unauffällig an seinem Körper oder an seiner Kleidung, allerdings so, dass sie sichtbar sind. Daraufhin gehen alle im Raum umher und versuchen, die Fäden bei den anderen zu entdecken. Wer einen Faden entdeckt hat, darf ihn nehmen. Wer abschließend die meisten Fäden gesammelt hat, ist der Fadenkönig.

Material

Wollfäden

Einreihen

Die Spieler stellen sich in einer Reihe nebeneinander auf. Es können auch zwei gleich große Reihen gebildet werden, die sich gegenüberstehen. Die Spielleitung nennt Merkmale, nach denen sich die Spieler innerhalb der Reihe sortieren müssen. Das können Kriterien sein, die man sieht, z. B. die Körpergröße. In diesem Fall müssen sich die Spieler so anordnen, dass an einem Ende der größte, am anderen Ende der kleinste Spieler steht. Die Spielleitung kann auch Merkmale vorgeben, die man nicht sieht, beispielsweise die Anzahl der Geschwister, den Geburtsmonat, das Datum des Geburtstags oder die Hausnummer. Auch hier muss jeder Spieler wieder seinen Platz in der Reihe finden. Dabei dürfen die Spieler sich verständigen. Abschließend wird getestet: Nacheinander sagt jeder, was auf ihn zutrifft.

Variation

Die Spieler dürfen sich nicht verständigen, d. h. sie dürfen nichts sagen und sich keine Zeichen geben. Jeder muss also versuchen, nach eigener Einschätzung seinen Platz in der Gruppe zu finden.

Spiele zum Kennenlernen

Ich mag gern Schokolade!

Ein Spieler im Stuhlkreis beginnt, indem er sich hinstellt oder auf den Stuhl stellt und etwas nennt, das er gerne mag: „Ich mag gern ..."
Das kann beispielsweise etwas zu essen, zu trinken oder ein Hobby sein. Alle, die das Genannte auch gern mögen, stellen sich ebenfalls hin bzw. auf den Stuhl. Wer es nur ein bisschen mag, bleibt sitzen. Wer es überhaupt nicht mag, setzt oder hockt sich vor den Stuhl. So geht es im Kreis weiter, bis alle an der Reihe waren.
Die Spieler erfahren dabei viel über ihre Mitschüler.

Variation

Jeder nennt etwas, das er besonders gut kann: „Ich kann gut schwimmen/rechnen/singen ..."

Ballkönig oder Ballkönigin

Die Spielleitung gibt von außerhalb des Stuhlkreises beispielsweise einen kleinen roten Ball (alternativ: Spielchip oder -figur) ein. Dieser wird linksherum im Kreis weitergegeben, wobei jeder dazu seinen Namen sagt. Es folgen nach und nach weitere rote Bälle, die entsprechend wandern. Danach gibt die Spielleitung beispielsweise einen blauen Ball ein. Dieser wird nach rechts, also in die Gegenrichtung, weitergegeben. Dazu sagt man jeweils den Namen des linken Nachbarn. Nun gibt die Spielleitung weitere blaue Bälle ein, die auf dieselbe Weise wandern. Schließlich wird noch beispielsweise ein gelber Ball in den Stuhlkreis gegeben. Dieser ist wieder linksherum unterwegs, begleitet vom Namen des jeweils rechten Nachbarn. Daraufhin folgen weitere gelbe Bälle.
Bei dieser anspruchsvollen Ballwanderung kommt es schnell vor, dass sich bei einem Spieler, der mit der Weitergabe überfordert ist, Bälle zu sammeln beginnen. Spätestens dann beendet die Spielleitung das Spiel und ernennt den betreffenden Spieler zum „Ballkönig" oder zur „Ballkönigin".

Material

mehrere kleine Bälle in drei Farben (alternativ: Spielchips oder -figuren)

12

Identifizierung

Im Stuhlkreis schreibt jeder seinen Namen auf ein Blatt Papier. Die Spielleitung sammelt die Zettel ein und verteilt sie beliebig neu. Es macht nichts, wenn jemand zufällig seinen eigenen Namen erhält. Bei einem Spieler, nennen wir ihn Max, geht es los. Reihum stellt jeder Spieler Max eine Frage in Bezug auf die Person, deren Zettel er hat, beispielsweise:

- Ist es ein Junge?
- Hat er blonde Haare?
- Spielt er Fußball?

Auf diese Weise versucht die Gruppe, die gesuchte Person herauszufinden. Wer eine Vermutung hat, darf sie äußern. Wurde der Name erraten, ist der nächste Spieler im Kreis an der Reihe.
Die Identifizierung gelingt immer schneller, da die Zahl der Spieler, die noch nicht entdeckt wurden, immer kleiner wird.

Hinweis

Voraussetzung für das Spiel ist, dass die Klasse sich schon etwas kennt, damit jeder über die Person, deren Zettel er hat, die richtige Auskunft geben kann. Gegebenenfalls hilft die Spielleitung.

Material

Papier, Stifte

Wer ist’s?

Jeder Spieler im Stuhlkreis notiert auf einem Blatt Papier ein positives Alleinstellungsmerkmal über sich. Er schreibt also etwas auf, von dem er annimmt, dass es ihn innerhalb der Klasse auszeichnet und dass es nur auf ihn zutrifft. Die Spielleitung sammelt die Zettel ein und verteilt sie neu. Hierbei macht es nichts, wenn jemand seinen eigenen Zettel erhält. Nun beginnt ein Spieler und liest vor, was auf dem Zettel steht, beispielsweise:

- Ich kann klettern.
- Ich habe drei Geschwister.
- Ich war schon einmal in Afrika.

Daraufhin zählt die Spielleitung bis drei. Nun zeigt jeder auf den Mitspieler, den er hinter der vorgelesenen Aussage vermutet. Danach gibt sich der Autor zu erkennen. Jeder überprüft für sich, ob er richtig lag.
So geht es reihum im Kreis weiter. Das Spiel wird immer einfacher, da zunehmend weniger Spieler infrage kommen.

Hinweis

Es ist natürlich möglich, dass das Genannte doch kein Alleinstellungsmerkmal ist, sondern auf mehrere Spieler zutrifft. Ist dies der Fall, teilen sie es mit.

Material

Papier, Stifte

Mangelkönig

Im Stuhlkreis erhält jeder so viele Spielchips oder Spielfiguren, wie Spieler mitspielen. Ein Spieler beginnt und sagt beispielsweise: „Ich war noch nie in Italien!“ Nun müssen alle, die schon einmal in Italien waren, diesem Spieler einen Spielchip geben. Der nächste Spieler sagt z. B.: „Ich habe noch nie Spinat gegessen!“ Daraufhin geben diesem Spieler alle einen Spielchip, die schon Spinat gegessen haben. So geht es reihum weiter. Es kommt also darauf an, einen „Mangel“ von sich zu nennen, von dem man annimmt, dass er auf möglichst viele andere nicht zutrifft. Wer abschließend die meisten Spielchips hat, ist der „Mangelkönig“ oder die „Mangelkönigin“.

Material

Spielchips oder Spielfiguren

Nur ich!

Alle Spieler sitzen im Stuhlkreis. Ein Spieler beginnt und nennt etwas, von dem er annimmt, dass es nur auf ihn zutrifft. Er sagt beispielsweise: „Nur ich kann zehn Meter tauchen.“/„Nur ich habe schon einmal im Wald übernachtet.“/„Nur ich kann Chinesisch.“
Wenn das Genannte aber auch auf einen anderen Mitschüler zutrifft, so ruft dieser: „Denkste!“, und erklärt, wieso das auch für ihn gilt.
So geht es reihum im Kreis weiter, bis alle Spieler an der Reihe waren.

16

Gemeinsamkeiten

Die Klasse teilt sich in zwei gleich große Gruppen auf. Die Spieler jeder Gruppe stehen in einer Reihe nebeneinander und die Gruppen stellen sich mit mehreren Metern Abstand zueinander gegenüber auf. Die Spielleitung zeigt der einen Gruppe ein Blatt Papier so, dass es die andere nicht lesen kann. Darauf steht beispielsweise: „Alle, die eine Bluejeans tragen". Daraufhin treten alle Spieler dieser Gruppe, die eine solche Hose tragen, einen Schritt vor. Die andere Gruppe muss nun herausfinden, welche Gemeinsamkeit diese Spieler verbindet, was also auf alle zutrifft. So geht es weiter, wobei die Gruppen immer abwechselnd an die Reihe kommen.
Weitere mögliche Gemeinsamkeiten sind z. B.:
„Alle, die blonde Haare haben", „Alle, die eine Brille tragen", „Alle, die größer als 1,40 Meter sind" oder „Alle Mädchen".

Material

vorbereitete Zettel mit Gemeinsamkeiten

Gleich und gleich gesellt sich gern!

Die Spieler bewegen sich zu Musik im Raum. Irgendwann stoppt die Spielleitung die Musik und nennt ein Merkmal. Nach diesem müssen sich die Spieler in Gruppen zusammenfinden. Relativ leicht ist das bei einem Merkmal, das man sieht, beispielsweise bei der Haarfarbe, Augenfarbe oder bestimmter Kleidung. Schwieriger wird es, wenn man das genannte Merkmal nicht sieht, z. B. bei einem Hobby, der Anzahl der Geschwister oder dem Lieblingsessen. Dann müssen sich die Spieler zunächst einmal gegenseitig informieren und austauschen.

Haben sich alle sortiert, fragt die Spielleitung bei jeder Gruppe nach, was ihre Gemeinsamkeit ist. Es kann auch vorkommen, dass Spieler allein stehen, da sie mit keinem anderen das genannte Merkmal teilen.

Material

Musik

Autogrammstunde

Die Spielleitung bereitet zunächst ein „Autogrammblatt“ vor. Auf diesem steht beispielsweise:

- Jemand, der ein Instrument spielt
- Jemand, der ein Haustier hat
- Jemand, der Sport treibt
- Jemand, der schon einmal in Spanien war
- Jemand, der zwei Geschwister hat
- Jemand, der den Winter mag
- Jemand, der Vegetarier ist
- Jemand, der gerne Fahrrad fährt

Jeder Spieler erhält ein „Autogrammblatt“. Alle gehen nun umher und suchen andere Mitspieler, auf die diese Aussagen zutreffen, und sprechen sie an. Wird z. B. Lea gefragt, ob sie ein Haustier hat, und es stimmt, unterschreibt sie bei dem Spieler, der sie gefragt hat, auf dessen Blatt bei der entsprechenden Aussage. Auf diese Weise versuchen alle, zu jeder Aussage jemanden zu finden, der dazu sein Autogramm geben kann. Jeder Spieler darf auf einem anderen Blatt nur einmal unterschreiben. Auf seinem eigenen Blatt darf man nicht selbst unterschreiben.

Abschließend geht die Spielleitung die einzelnen Aussagen durch und fragt jeweils, für wen das Betreffende gilt, also z. B.: „Wer von euch spielt ein Instrument?“

Material

vorbereitete Autogrammblätter, Stifte

Verschlüsselung

Die Spielleitung überlegt sich einen Code, nach dem jeder seine Identität verschlüsseln soll, beispielsweise: Körpergröße (in Zentimetern) – Anfangsbuchstabe der Haarfarbe – Schuhgröße – M oder W für das Geschlecht – Anzahl der Geschwister.
Am besten schreibt sie diesen Code an oder hängt ihn auf einem Plakat aus. Jeder Spieler erhält einen Zettel und Stift. Darauf schreibt jeder entsprechend der Vorgabe seinen persönlichen Code auf – als lückenlose Abfolge von Zahlen und Buchstaben. So schreibt Jasmin beispielsweise auf ihr Blatt: 154B36W2. Das bedeutet: Sie ist 1,54 Meter groß, hat blonde Haare, trägt Schuhgröße 36, ist weiblich und hat 2 Geschwister. Danach sammelt die Spielleitung die Blätter ein und verteilt sie neu. Erhält jemand seinen eigenen Zettel, so tauscht er ihn um. Jeder hat nun die Aufgabe, den Spieler ausfindig zu machen, dessen Code er erhalten hat, und ihm das Blatt zu übergeben.

Material

Papier, Stifte

Spiele, um gemeinsam in Bewegung zu kommen

Ozeanwelle

Die Spieler sitzen im Stuhlkreis. Ein Spieler geht in die Mitte, wodurch ein Stuhl frei wird. Ruft der Mittelspieler „Los!", so setzt sich der Kreis als Welle in Bewegung. Dazu rutschen alle Spieler jeweils einen Platz im Uhrzeigersinn nach links. Jeder Spieler darf immer erst dann rutschen, wenn der Stuhl links neben ihm frei ist, und es dürfen nie zwei Spieler auf einem Stuhl sitzen. Es beginnt also der Spieler, der rechts neben dem freien Stuhl sitzt. Der Spieler in der Mitte versucht, auf einen freien Stuhl zu gelangen. Gelingt ihm das, so muss der Spieler, der zu langsam gerutscht ist, in die Mitte.

Variationen

- Der Spieler in der Mitte kann die Richtung der „Welle" beliebig oft ändern, indem er „Rechts!" oder „Links!" ruft. Die Spieler im Kreis müssen daraufhin entsprechend ihre Rutschrichtung ändern.

- Ruft der Spieler in der Mitte „Orkan!“, so wirbelt es die Welle durcheinander. Das bedeutet, dass sich jeder Spieler einen neuen Platz suchen muss, auch der Spieler in der Mitte. Dabei darf ein vor Beginn des Spiels markierter Stuhl nicht besetzt werden. Wer keinen Platz findet, macht in der Mitte weiter.

21

Au ja!

Ein beliebiger Spieler im Stuhlkreis startet diese bewegte Runde. Er fordert die Klasse zu einer gemeinsamen Aktion auf und ruft beispielsweise:

- „Wir werfen alle unsere Arme in die Luft!“
- „Wir drehen uns alle einmal im Kreis!“
- „Wir hüpfen alle dreimal auf der Stelle!“
- „Wir laufen alle einmal um den Kreis!“
- „Wir lachen alle laut!“

Egal, was er sagt: Die anderen Spieler sind von der jeweiligen Idee so begeistert, dass sie zunächst laut „Au ja!“ rufen. Daraufhin führen sie das Genannte gemeinsam durch. So geht es reihum weiter.

Variation

Bevor ein Spieler eine neue Idee äußert, muss er zunächst wiederholen, was der Vorgänger gesagt hat. Beides wird dann nacheinander dargestellt.

Kanon

Im Stuhlkreis wird gemeinsam folgender Rhythmus geprobt:
4-mal in die Hände klatschen – 4-mal auf die Schenkel patschen – 4-mal auf den Boden stampfen – 4-mal „Ha!“ rufen
Im zweiten Schritt wird der Rhythmus als Kanon durchgeführt. Dazu teilt die Spielleitung die Klasse in vier gleich große Gruppen ein. Gruppe 1 beginnt mit dem Klatschen, danach patscht sie sich auf die Schenkel, während Gruppe 2 klatscht usw.
Zu gegebener Zeit führt die Spielleitung zu einem harmonischen Ausklang.

Variation

Die Spieler zählen bis 4 durch. Nun bilden alle Spieler mit derselben Zahl eine Gruppe. Die Spieler derselben Gruppe sitzen so nicht mehr nebeneinander, was das Spiel schwieriger macht.

Brückenbau

Die Spieler stehen im Kreis. Die Spielleitung wendet sich nach links und klatscht sich mit ihrem übernächsten Nachbarn ab. Auf diese Weise wird eine Brücke gebaut über dem Spieler, der dazwischensteht und dabei in die Hocke geht. Danach klatscht dieser Spieler sich mit seinem übernächsten Nachbarn ab und der Spieler zwischen ihnen geht in die Hocke. Dieser Brückenbau läuft so einmal durch den Kreis.

Variationen

- Die Spielleitung schickt mehrere Brücken nacheinander los.
- Die Spielleitung schickt zunächst eine Brücke nach links und danach eine nach rechts los. Beide Brücken laufen durch den Kreis. Besonders anspruchsvoll wird es für die Spieler, bei denen sich die Brücken begegnen.

Agentenjagd

Alle Spieler sind als „Agenten“ zu Musik im Raum unterwegs. Jeder nimmt sich heimlich einen anderen Spieler vor, den er möglichst unauffällig „beschattet“. Stoppt die Spielleitung die Musik, erfolgt der „Zugriff“: Jeder packt schnell – aber rücksichtsvoll – den Spieler, den er beobachtet hat.
Achtung: Knäuelbildung möglich!

Material

Musik

25

Reise nach Gemeinsinn

Dieses Spiel ist eine kooperative Variante des bekannten Spieleklassikers „Reise nach Jerusalem".
Die Stühle werden in zwei Linien so aufgestellt, dass sich jeweils zwei Lehnen berühren. Dabei wird ein Stuhl weniger aufgestellt, als Spieler teilnehmen. Die Spieler laufen zu Musik um die Stühle herum. Stoppt die Spielleitung die Musik, sucht sich jeder Spieler einen Platz. Nach jeder Runde nimmt die Spielleitung einen Stuhl heraus.
Der Unterschied zur klassischen Spielform ist: Es scheidet niemand aus. Das bedeutet, dass alle Spieler auf zunehmend weniger Stühlen gemeinsam Platz finden müssen. Es geht also darum, sich zu helfen und zu halten.
Die Spielleitung muss einschätzen, wie lange die Reise gehen kann, d. h. auf wie wenigen Stühlen die Klasse noch Platz finden kann, ohne dass ein zu großes Gedränge entsteht.

Material

Musik

Rette mich, wer kann!

Die Spielleitung verteilt heimlich durch Einflüstern oder mit Zetteln die Zahlen 1, 2 und 3 an die Spieler. Die Zahlen sollten etwa gleich häufig vertreten sein.
Die Spieler bewegen sich zu Musik im Raum. Stoppt die Spielleitung die Musik, ruft sie zudem eine der Zahlen. Die betreffenden Spieler mimen einen Schwächeanfall und sinken langsam zu Boden. Die Umstehenden versuchen, sie zu retten, d. h. festzuhalten, bevor sie auf dem Boden liegen.
Besonders anspruchsvoll wird es für die Retter, wenn die Spielleitung zwei Zahlen ruft.

Hinweis

Ein lustiger Abschluss ist es, wenn die Spielleitung alle drei Zahlen ruft, woraufhin alle Spieler ohne Rettung zu Boden sinken.

Material

Musik, evtl. Zettel mit Zahlen

Rettungsringe

Ein Spieler wird als Fänger ausgewählt. Der Fänger versucht, alle anderen Spieler zu fangen. Wer von ihm abgeschlagen wird, erstarrt auf der Stelle.
Erstarrte Spieler können erlöst werden, indem zwei freie Spieler sie mit den Händen umfassen, also einen „Rettungsring“ bilden, und gemeinsam rufen: „Eins, zwei, drei – du bist frei!“
Während die Spieler einen „Rettungsring“ bilden, dürfen sie nicht abgeschlagen werden.

Eisbär und Pinguine

Ein Spieler wird als Eisbär ausgewählt, alle anderen Spieler stellen Pinguine dar. Schlägt der Eisbär einen Pinguin ab, erstarrt dieser auf der Stelle, legt die Arme an und zittert mit den Flügelspitzen, d. h. mit den Händen. Er wird wieder frei, wenn zwei Spieler ihn aufwärmen. Hierzu reiben sie kurz seine Hände.
Während der Rettungsaktion dürfen die Spieler nicht abgeschlagen werden.

29

Drachenschwanz-Jagd

Jeder Spieler steckt sich ein Tuch, ein kleines Seil oder eine Wäscheklammer als „Drachenschwanz" hinten in den Hosenbund. Auf ein Signal der Spielleitung hin versuchen die Spieler, sich gegenseitg die Drachenschwänze zu entwenden. Dabei dürfen sie niemanden festhalten und den eigenen Schwanz nur durch Ausweichen schützen. Wer einen Schwanz erbeutet hat, behält ihn in der Hand. Wer seinen Drachenschwanz schon verloren hat, spielt trotzdem weiter mit.
Das Spiel geht weiter, bis die Spielleitung ein Stoppsignal gibt.

Variation

Je zwei Spieler stellen sich hintereinander und bilden so gemeinsam einen Drachen. Der hintere fasst den vorderen an Schultern oder Hüften. Nur der hintere Spieler trägt einen Schwanz. Nun läuft das Spiel wie oben beschrieben ab. Die Paare dürfen dabei nicht auseinanderreißen.
Diese Spielvariation lässt sich weiter steigern: Drei Spieler bilden einen Drachen, dann vier usw. Immer

trägt nur der hinterste Spieler einen Schwanz und nur der vorderste hat die Hände frei.
Schließlich teilt sich die Klasse in zwei gleich große Drachen auf, die versuchen, sich gegenseitig den Schwanz abzunehmen.
Zuletzt bilden alle Spieler gemeinsam einen Drachen, der versucht, seinen eigenen Schwanz zu schnappen.

Material

pro Spieler ein Tuch, ein kurzes Seil oder eine Wäscheklammer

30

Spiele zur Zusammenarbeit in Kleingruppen

Gleich und verschieden

Die Klasse teilt sich in mehrere gleich große Gruppen auf. Jede Gruppe erhält ein Blatt Papier. Die Gruppen zeichnen so viele Spalten auf das Blatt, wie es Teilnehmer in der Gruppe gibt.
Bei einer Gruppe von fünf Spielern tragen die Spieler in der ersten Spalte ein Merkmal ein, das alle Spieler der Gruppe gemeinsam haben. In der zweiten Spalte wird etwas eingetragen, das auf vier Spieler zutrifft. Entsprechend geht es weiter, bis in der letzten Spalte etwas notiert wird, das nur auf einen Spieler in der Gruppe zutrifft. Die Merkmale können etwas äußerlich Sichtbares sein, aber auch etwas nicht Sichtbares.
Abschließend stellen die Gruppen der gesamten Klasse vor, was sie notiert haben.

Material

Papier, Stifte

Alphabet

Die Klasse teilt sich in zwei gleich große Gruppen auf. Die Spielleitung legt der Reihe nach die Buchstaben des Alphabets auf dem Boden aus. Aufgabe der Spieler ist es, zu jedem Buchstaben einen Gegenstand zu finden, der mit diesem Buchstaben beginnt, und zu den jeweiligen Buchstaben dazuzulegen. Abschließend stellen die Gruppen sich gegenseitig ihre Fundstücke vor.
Da es schwer ist, zu bestimmten Buchstaben wie Q, X oder Y etwas zu finden, kann die Spielleitung den Gruppen mehrere Joker geben. Damit dürfen sie sich jeweils Buchstaben aussuchen, für die sie keine Gegenstände suchen müssen.
Die Suche kann auf den Raum beschränkt werden. Alternativ dürfen die Spieler auch im Haus oder im Außengelände auf die Suche gehen.

Material

Buchstaben des Alphabets auf Karten

Wortschöpfung

Die Klasse teilt sich in mehrere gleich große Gruppen auf. Jede Gruppe erhält die Buchstaben des Alphabets auf einzelnen Karten. Aufgabe ist es, aus den Buchstaben möglichst viele sinnvolle Wörter zu legen.
Da es nur fünf Vokale gibt, ist es erlaubt, diese wie bei einem Kreuzworträtsel für mehrere Wörter zu verwenden. Erlaubt sind auch sinnvolle Abkürzungen, wie beispielsweise Parteinamen.
Anschließend stellen sich die Gruppen gegenseitig ihre Wortschöpfungen vor.

Hinweis

Es ist möglich, alle Buchstaben zu verwenden.

Material

pro Gruppe die Buchstaben des Alphabets auf Karten

Zauberstab

Die Klasse teilt sich in mehrere gleich große Gruppen auf. Die Spieler jeder Gruppe stellen sich nebeneinander in einer Linie auf und strecken jeweils einen Zeigefinger nach vorn. Behutsam legt die Spielleitung jeder Gruppe einen Rundstab oder aufgeklappten Zollstock auf die Fingerkuppen. Aufgabe ist es, den Stab gemeinsam auf dem Boden abzulegen, wobei die Finger nie den Kontakt zum Stab verlieren dürfen.

Hinweis

Diese Aufgabe ist erstaunlich schwer zu lösen und erfordert große Konzentration und Kooperation. Oft geschieht es – zur Verblüffung aller – dass der Stab nach oben statt nach unten wandert.

Material

pro Gruppe ein Rundstab oder Zollstock

Luftnummer

Die Klasse wird in mehrere gleich große Kleingruppen aufgeteilt. Vor jede Gruppe legt die Spielleitung einen im Zickzack geknickten Zollstock auf den Boden und setzt auf jedes Gelenk eine Spielfigur. Aufgabe jeder Gruppe ist es zunächst, den Zollstock gemeinsam hochzuheben, ohne dass eine Figur herunterfällt. Ist dies gelungen, muss der Zollstock in der Luft gerade gebogen werden, wobei wiederum keine Figur herunterfallen sollte.

Material

pro Gruppe ein Zollstock und mehrere Spielfiguren

35

Raus und rein

Die Klasse wird in mehrere Kleingruppen gleicher Größe aufgeteilt. Die Spielleitung legt so viele Rundseile jeweils kreisförmig auf dem Boden aus, wie es Gruppen gibt. In jedes Seil stellt sich eine Gruppe. Aufgabe jeder Gruppe ist es, komplett unter dem Seil nach außen zu gelangen, ohne Hände und Arme zu Hilfe zu nehmen. Danach müssen die Spieler auf dieselbe Weise wieder in das Innere des Seils gelangen.

Material

pro Gruppe ein Rundseil

Vieleck

Die Klasse teilt sich in zwei gleich große Gruppen auf. Jede Gruppe erhält ein Rundseil und ein Blatt Papier mit folgender Aufgabe:

> *Das Seil muss im Kreis aufgespannt werden und zwar so, dass es jeder Spieler nur mit der rechten Hand fasst. So soll ein Vieleck gebildet werden, das eine Ecke mehr hat, als Spieler in der Gruppe sind. Eine Gruppe von elf Spielern muss also ein Zwölfeck bauen.*

Diese Aufgabe scheint unlösbar zu sein. Sie ist auch innerhalb einer Gruppe nicht lösbar. Die Aufgabe ist nur dadurch lösbar, dass die Gruppen in Kontakt treten, sich gegenseitig über ihre Aufgabe informieren und dann versuchen, gemeinsam eine Lösung zu finden. Diese besteht darin, dass ein Spieler jeder Gruppe beide Seile in seine rechte Hand nimmt. Auf diese Weise bildet er eine Ecke für beide Gruppen.

Material

zwei Rundseile, zwei Aufgabenzettel

Robinsonade

Die Klasse teilt sich in Gruppen von vier bis fünf Spielern auf. Die Spielleitung gibt folgende Situation vor: Jede Gruppe befindet sich auf einem sinkenden Schiff in der Südsee. Es ist gerade noch Zeit, in ein Rettungsboot zu steigen, um eine in der Ferne sichtbare, unbekannte Insel anzusteuern und aus einer Anzahl von 16 auf dem Schiff vorhandenen Dingen 8 auszuwählen und mitzunehmen.

Nun gibt die Spielleitung jeder Gruppe ein Blatt Papier, auf dem dieselben 16 Gegenstände aufgelistet sind. In einer vorgegebenen Zeit muss sich jede Gruppe gemeinsam auf 8 Dinge einigen, die ihr für einen Aufenthalt auf der Insel besonders nützlich erscheinen.

Abschließend stellt jede Gruppe ihre Auswahl vor und begründet diese.

Beispiel für eine Liste

Regenplane, langes Seil, Werkzeugkasten, Axt, Kompass, Lampe mit Brennstoff, Streichhölzer, Notration an Verpflegung, gefüllter Wasserkanister, Verbandsmaterial, Packung Schmerzmittel, Klopapier, Sonnencreme, Schreibmaterial, Spielesammlung, Fußball

Material

pro Gruppe eine Liste, Stifte

Notlandung

Die Spielleitung gibt folgende Situation vor: Alle Spieler werden allein auf eine unbekannte Insel verschlagen. Jeder muss sich nun in einer vorgegebenen Zeit zehn Dinge ausdenken und notieren, von denen er annimmt, dass sie ihm in dieser Lage besonders nützlich sein würden.
Anschließend finden sich die Spieler paarweise zusammen. Sie müssen sich aus den von ihnen notierten Gegenständen gemeinsam auf zehn einigen, die sie in ihrer Situation gerne zur Verfügung hätten.
Danach bilden sich Vierergruppen. Auch hier ist wieder eine Verständigung auf zehn Dinge aus den bereits aufgeschriebenen Dingen gefordert.
Abschließend stellt jede Gruppe ihre zehn Gegenstände den anderen vor und begründet ihre Auswahl.
Man kann die Gruppen aber auch so lange zusammenführen, bis sich schließlich die ganze Klasse auf zehn Dinge einigen muss.

Material

Papier, Stifte

Eierfall

Es werden Kleingruppen von 4 bis 5 Spielern gebildet. Die Spielleitung gibt jeder Gruppe ein rohes Ei und jeweils dieselbe Menge an Verpackungsmaterial, z.B. Zeitungspapier, Pfeifenputzer, Strohhalme und Klebeband. Aufgabe ist es, das Ei in einer vorgegebenen Zeit so zu verpacken, dass es einen Fall aus mehreren Metern Höhe unbeschadet übersteht.
Nach Ablauf der Zeit stellt jede Gruppe zunächst ihr Modell vor und erläutert die getroffenen Schutzmaßnahmen. Dann folgt der Härtetest: Von einer erhöhten Stelle aus – am besten im Freien – lassen die Gruppen nacheinander ihr Ei fallen. Nach jedem Fall kontrolliert die Spielleitung, ob das Ei unbeschädigt geblieben ist. Es muss darauf geachtet werden, dass sich die Spieler anschließend die Hände waschen. Alternativ können auch gekochte Eier verwendet werden, dann ist allerdings der Verpackungsanreiz nicht so groß.

Material

pro Gruppe ein Ei und Verpackungsmaterial (z.B. Zeitungspapier, Pfeifenputzer, Strohhalme, Klebeband)

Spiele zur Zusammenarbeit mit der ganzen Klasse

Zauberstifte

Jeder Spieler erhält ein Blatt Papier und einen Stift, der mit einem Buchstaben versehen ist. Jeder Buchstabe, der in den Namen der Spieler vorkommt, muss einmal vorhanden sein. Sind es weniger Buchstaben als Spieler, bekommen einzelne Spieler keinen Stift. Sind es mehr Buchstaben als Spieler, bekommen manche Spieler zwei Stifte. Die Stifte sind „verzaubert": Mit dem Stift kann nur der Buchstabe geschrieben werden, der draufsteht.
Alle Spieler gehen nun umher und suchen die Spieler mit den Buchstaben, die sie für ihren Namen brauchen. Sie fordern die Spieler auf, die Buchstaben in der richtigen Reihenfolge auf ihrem Zettel zu notieren, bis sie ihren Namen vervollständigt haben.

Material

Stifte (gekennzeichnet mit Buchstaben), Papier

Was fehlt?

Die Spielleitung legt in der Mitte des Stuhlkreises verschiedene Gegenstände aus. Dabei legt sie drei Dinge mehr aus, als Spieler am Spiel teilnehmen. In einer vorgegebenen Zeit versucht die Klasse, sich alle ausliegenden Gegenstände möglichst gut einzuprägen. Daraufhin schließen alle die Augen. Die Spielleitung legt jedem Spieler einen Gegenstand in die Hand, wobei die Spieler die Augen weiterhin geschlossen halten. Aufgabe der Gruppe ist es, gemeinsam herauszufinden, welche drei Dinge noch in der Mitte liegen. Hierzu muss jeder zunächst durch Tasten erspüren, welchen Gegenstand er in der Hand hält, und dann die anderen darüber informieren. Auf diese Weise versucht die Klasse zu entdecken, welche Gegenstände kein Spieler in der Hand hält.

Material

verschiedene Gegenstände

Oben bleiben!

Jeder Spieler erhält einen Luftballon, bläst ihn auf und verknotet ihn. Nun bewegen sich alle – eventuell zu Musik – im Raum. Dabei muss jeder seinen Ballon durch Antippen beständig in der Luft halten. Die Aufgabe wird schwieriger, da die Spielleitung nach und nach weitere Ballons hinzugibt. Diese müssen alle Spieler gemeinsam in der Luft halten.
Das Spiel ist zu Ende, sobald der erste Ballon den Boden berührt.

Hinweis

Die Klasse kann bei weiteren Durchgängen versuchen, die Anzahl der Ballons zu steigern.

Material

Luftballons, evtl. Musik

Plattensee

Die Spielleitung verteilt im Raum so viele Papier- oder Zeitungsblätter, wie Spieler teilnehmen. Jeder Spieler stellt sich auf ein Blatt. Nach und nach legt die Spielleitung weitere Blätter aus. Aufgabe der Klasse ist es, dass jedes Blatt von einem Spieler mit einem beliebigen Körperteil berührt wird. Gelingt dies nicht mehr, ist das Spiel zu Ende.

Hinweis

Die Klasse kann in weiteren Durchgängen versuchen, ihr Ergebnis zu verbessern.

Material

Papier- oder Zeitungsblätter

Das Blatt wenden

Die Spieler stellen sich auf eine Decke oder Plane. Die Fläche sollte so mindestens zur Hälfte bedeckt sein. Aufgabe der Klasse ist es, gemeinsam die Decke bzw. Plane zu wenden, sodass sie auf der anderen Seite liegt. Dabei darf kein Spieler den Boden berühren.

Material

Decke oder Plane

45

Bergung

Die Spielleitung markiert eine große rechteckige Fläche auf dem Boden, am besten mit Malerkrepp. Die Fläche stellt einen vergifteten See dar, in dessen Mitte ein Gegenstand als Schatz liegt. Die Klasse erhält ein langes Seil und die Aufgabe, den Schatz, der vom Seil nicht berührt werden darf, zu bergen. Dabei darf kein Spieler mit einem Körperteil den See berühren.
Lösung: Die Spieler stellen sich in zwei gleich großen Gruppen zu beiden Längsseiten des Sees auf. Dabei halten sie das Seil im Zickzack gespannt. Ein möglichst leichter Spieler legt sich bäuchlings auf das Seil. Die Gruppe trägt ihn so über die Fläche des Sees, bis er direkt über dem Schatz liegt. Diesen kann er nun von oben fassen. Die Spielleitung muss eventuell bei der Suche nach der Lösung helfen.

Material

Malerkrepp, langes Seil, Gegenstand (Schatz)

Besetzung

Die Stühle der Spieler sind beliebig im Raum verteilt. Alle Spieler bis auf einen sitzen auf den Stühlen. Ein Stuhl ist somit frei. Der einzelne Spieler geht auf diesen Stuhl zu, um sich darauf niederzulassen. Um dies zu verhindern, setzt sich ein anderer Spieler der Klasse auf diesen Stuhl. Dadurch wird sein eigener Platz frei, auf den der einzelne Spieler nun zugeht. Wieder setzt sich ein anderer Spieler darauf und macht seinen eigenen Platz damit frei, den der Einzelgänger nun ins Visier nimmt. Die Gruppe versucht weiterhin beständig zu verhindern, dass der einzelne Spieler einen freien Platz bekommt, indem sie sich fortwährend umsetzt. Das ist erstaunlich schwer zu verhindern. Deshalb ist die Regel sinnvoll, dass der einzelne Spieler nur gehen darf, die anderen aber rennen dürfen. Ist man einmal von seinem Stuhl aufgestanden, muss man sich auf einen anderen setzen.

Hinweis

Die Spielleitung kann die Zeit begrenzen, in der der Spieler einen freien Stuhl gefunden haben muss.

Durchstieg

Die Hälfte der Klasse legt sich rücklings auf den Boden. Die Spieler strecken Arme und Beine aus. Jeder fasst mit einer Hand jeweils eine fremde Hand oder einen fremden Fuß. Die liegende Gruppe bildet so ein Netz, bei dem alle miteinander verbunden sind. Die andere Gruppe hat die Aufgabe, durch dieses Netz von einer Seite auf die andere zu steigen, ohne einen der liegenden Spieler zu berühren.
Anschließend tauschen die Gruppen.

Variation

Mehrere Spieler der stehenden Gruppe tragen eine Augenbinde. Sie müssen dann von den anderen durch das Netz geführt werden.

Material

evtl. Augenbinden

Gordischer Knoten

Die Spieler stellen sich in einem großen Kreis auf. Sie schließen die Augen, strecken die Arme nach vorn, gehen langsam Richtung Kreismitte, fassen zwei fremde Hände und öffnen erst dann die Augen. Es gilt nun, gemeinsam das entstandene Wirrwarr der Arme zu lösen, ohne die Hände loszulassen. Diese Aufgabe erfordert ein rücksichtsvolles Vorgehen und eventuell leicht akrobatische Fähigkeiten.

Hinweis

Gewöhnlich lässt sich der Knoten lösen und die Gruppe steht abschließend im Kreis. Manchmal bilden sich auch mehrere Kreise.

Abschiedssymphonie

Die Spieler stellen sich im Stuhlkreis auf die Stühle. Die Spielleitung erklärt, dass sich der Raum in einen See mit einer gefährlichen Flüssigkeit verwandelt hat. Die Klasse hat nun die Aufgabe, den Raum zu verlassen, ohne dass ein Spieler den Boden berührt. Dazu dürfen die Stühle herumgeschoben werden.

Variation

Berührt ein Spieler den Boden, so kann er nichts mehr sehen und erhält eine Augenbinde. Er muss dann von den anderen Spielern geführt werden.

Material

evtl. Augenbinden